GENUSS-
KRÄUTER

Servus

Das kleine Buch

Elke Papouschek

GENUSS-KRÄUTER

Vom Garten in die Küche

Inhalt

Was Kräuter alles können

„Der Duft frisch gepflückter Kräuter
ist ein Stück Himmel auf Erden."
(Volksweisheit)

Kräuter sind eine ganz besondere Pflanzengruppe und bereichern unser Leben auf vielfältige Weise. Sie würzen nicht nur Speisen und Getränke, sondern unterstützen auch Körper und Seele. Mit ihrem Duft, den Blüten und dem Aroma der enthaltenen ätherischen Öle regen sie alle Sinne an. Kräuter verfeinern Speisen und machen diese leichter verdaulich, sie unterstützen unseren Stoffwechsel, sie entfalten ihre Wirkung als wohltuender Tee. Sie bereichern Blumensträuße mit duftenden Blättern und Blüten. Sie sind aber auch Nektarquelle für Bienen und andere Insekten und halten den Garten gesund, denn ihre Nachbarschaft wirkt sich positiv auf viele andere Gartenpflanzen aus.

Sonnenanbeter und Hungerkünstler:

Für jeden Standort das passende Kraut

„Wer einen Garten hat, lebt schon im Paradies."
(Aba Assa, Essayistin)

Von der Sonne geküsst

In der flimmernden Hitze des Sommers verströmen Kräuter ihren intensiven Duft. Wenn die Sonne am kräftigsten ist, bilden sie den höchsten Gehalt an ätherischen Ölen und anderen wertvollen Inhaltsstoffen aus. Kräuter stehen daher, von wenigen Ausnahmen abgesehen, am besten möglichst sonnig. Ideal ist ein Platz, der im Sommer mindestens vier bis fünf Stunden am Tag in der vollen Sonne liegt. Küchen- und Gewürzkräuter wie Rosmarin, Lavendel, Currykraut und Co. sind Aromapflanzen. Beim Berühren und Zerreiben von Pflanzenteilen werden die ätherischen Öle freigesetzt und die Pflanzen entfalten ihren Duft. Wer gerne mit frischen Kräutern kocht, plant seinen Kräutergarten möglichst nahe an der Küche oder gleich auf dem Fensterbrett. Ist die Terrasse von einer Trockenmauer umgeben, bietet sich hier der ideale Standort für den Kräutergarten an. Dann sind nicht nur die Wege kurz, man kommt draußen und bei geöffnetem Fenster auch in den Genuss von würzigem Duft, der Lust aufs Kochen macht. Wer kein eigenes Beet anlegen möchte, setzt die Pflanzen in die vorhandenen Beete zwischen passende Begleitblumen, die ebenfalls gerne sonnig und auf durchlässigem Boden stehen. Beispiele dafür sind Indianernessel (*Monarda*), Katzenminze (*Nepeta*), Heiligenblume (*Santolina*), Lavendel (*Lavandula*) und Kugeldistel (*Echinops*).

Im lichten Schatten

Auch auf Beetflächen, die nur morgens oder abends Sonne bekommen, weil sie zum Beispiel von lichten Bäumen beschattet sind, kann man Kräuter kultivieren. Ein besonderer Tipp ist hier ein Verwandter des Sauerampfers. Der Blut-Ampfer (*Rumex sanguineus*) bringt mit seinen rot geäderten Blättern Farbe ins Kräuterbeet und das Balkonkistchen. Er schmeckt deutlich milder als der Sauerampfer und eignet sich zum Verfeinern von Salaten und Gemüsegerichten. Unter den Minzen (*Mentha*) ist die Auswahl besonders groß. Von „Banana“ bis „Kentucky Spearmint“ verraten schon die Sortennamen die vielen verschiedenen Geschmacks- und Duftnuancen. Was man dabei beachten sollte: Viele Minze-Arten haben einen starken Ausbreitungsdrang, der im Beet lästig werden kann. Werden sie in Töpfen gezogen, hat man ihn unter Kontrolle. Die Mexikanische Minze (*Agastache mexicana*) ist zwar nicht mit Minzen verwandt, aber dennoch eine interessante Würzpflanze. Sie zeigt auch in halbschattigen Lagen ihre schönen roten Blütenstände und schmeckt herrlich im Salat. Im vollen Schatten wird die Auswahl an Pflanzen aber gering, hier kommen nur noch Waldkräuter wie Bärlauch (*Allium ursinum*) und Waldmeister (*Galium odoratum*) zurecht.

Diese Küchenkräuter gedeihen auch im Halbschatten gut:

Estragon · Kerbel · Kümmel · Liebstöckel
Minzen · Petersilie · Schnittlauch

Der Kräutergarten im Topf

Viele Kräuter lassen sich problemlos in Schalen, Töpfen oder Blumenkistchen kultivieren. Wichtig ist, dass die Gefäße Abzugslöcher haben, damit keine Staunässe entsteht – das mögen Kräuter am allerwenigsten. Wählen Sie die Töpfe nicht zu klein, sonst wird das Gießen mühsam und die Pflanzen sind gefährdet, zu vertrocknen. Als Substrat eignet sich Bio-Pflanzenerde, die man für die Pflanzung von mediterranen Kräutern zu einem Drittel mit gewaschenem Quarzsand mischt. Er macht die Erde magerer und durchlässiger. Eine Drainageschicht aus Blähton auf dem Topfgrund ist zu empfehlen, um auch in Regenperioden Nässe zu vermeiden. Klimatisch heiße Balkone stellen für Pflanzen und GärtnerInnen eine große Herausforderung dar. Mit mediterranen, hitzeliebenden Kräutern kann man hier aber gut über die Runden kommen. Töpfe und Kistchen mit duftenden Thymianpolstern, mit Oregano und Currykraut brauchen selbst auf solchen Extremstandorten kaum Pflege. Dazu passt auch der säuerlich und leicht scharf schmeckende Felsen-Mauerpfeffer (*Sedum reflexum*), auch Tripmadam genannt. Als Dickblattgewächs mit sukkulenten, wasserspeichernden Blättern verträgt er extreme Hitze und ziert dabei mit hübschen gelben Blüten. Die klein gehackten Blätter lassen sich angebraten verspeisen oder geben Salaten und Suppen eine besondere Aromanote.

Wenn der Platz knapp ist, kann man Kräuter auf einem treppenförmigen Holzgestell unterbringen. Diese Kräutertreppe muss stabil sein und an der Wand verankert werden, um der Last der Töpfe standzuhalten. Seitliche Leisten an den Brettern verhindern, dass die Töpfe aus dem Regal rutschen.

Die Mischung macht's:

Kräuter und Gemüse in guter Nachbarschaft

„So manches Kraut duftet den Garten gesund."
(Volksweisheit)

In der Natur wächst nichts in Monokultur, sondern bunt gemischt und einträchtig nebeneinander. Die Mischkultur von Gemüse und Kräutern macht sich dieses Prinzip zunutze und hat dabei nur Vorteile: Der Boden wird nicht einseitig ausgelaugt und bleibt gesund. Die passenden Pflanzennachbarn können einander außerdem stärken und Schädlinge sowie Krankheiten fernhalten.

Wie dabei gepflanzt wird, ist Geschmackssache. Man kann innerhalb der Reihen abwechseln oder Reihe für Reihe mit unterschiedlichen Arten bepflanzen. Zu hohe Pflanzen dürfen niedrigen nicht die Sonne wegnehmen, und Tiefwurzler sind bevorzugt neben Flachwurzler zu setzen, da sie sich in unterschiedlichen Bodenschichten ausbreiten.

Einige Bespiele für eine gute Nachbarschaft:

- ☞ Fenchel verträgt sich gut mit Salaten, Erbsen und Gurken.
- ☞ Dill passt zu Salaten, Erbsen, Bohnen, Gurken, Roten Rüben, Karotten, Erdäpfeln und Zwiebeln.
- ☞ Pfefferminze kombiniert man mit Tomaten, Karotten und Häuptelsalat.
- ☞ Petersilie harmoniert mit Radieschen, Rettich, Tomaten, Gurken, Knoblauch und Lauch (Porree).
- ☞ Kamille eignet sich gut für die Mischkultur mit Kohlrabi, Sellerie, Lauch (Porree) und Zwiebeln.
- ☞ Bohnenkraut passt zu Bohnen, Roten Rüben, Borretsch, Gurken, Kohlrabi, Tomaten und Zucchini.
- ☞ Pfefferminze hält Kohlweißling, Kohlerdfloh, Ameisen und Kartoffelkäfer fern.
- ☞ Dill wirkt sich wegen seiner Duft- und Wurzelausscheidungen positiv auf den Geschmack von Erbsen, Zwiebeln und Roten Rüben aus.
- ☞ Der Duft von Kerbel, Lavendel und Salbei hält Blattläuse vom Gemüse ab.

Vom richtigen Zeitpunkt:

Pflanzen und Säen, Gießen und Düngen

„Im Garten wächst mehr, als man ausgesät hat."
(Sprichwort)

Kräuter vorziehen

Man kann Kräuterpflanzen aus Samen leicht selbst ziehen – das ist nicht nur kostengünstig, sondern macht auch schon Vorfreude auf den Sommer. Es empfiehlt sich, qualitativ hochwertige Samen in Keimschutzverpackungen zu kaufen. Natürlich kann man auch Saatgut von den Kräutern im Garten ernten. Bei Kümmel, Dill, Anis und anderen mit relativ großen Samen geht das recht einfach.

Die Aussaaterde für Kräuter soll feinkrümelig und nicht aufgedüngt sein. Auf dem Fensterbrett im Haus, im Glashaus oder Frühbeet kann man ab März mit der Aussaat in Anzuchterde beginnen.

Lichtkeimer wie Basilikum, Bohnenkraut, Currykraut und Kümmel dürfen nicht mit Erde bedeckt werden. Man

drückt sie nur mit einem Holzbrett an den Boden an. Borretsch und Anis dagegen müssen als Dunkelkeimer besonders dicht mit Erde bedeckt werden. Für alle „normalen" Keimer gilt: Die Samen werden leicht angedrückt und etwa doppelt so hoch mit Erde bedeckt, wie sie groß sind. Beschriften nicht vergessen! Nur so behält man auch über längere Zeit den Überblick, welche Kräuter wo sprießen.
Danach werden die Gefäße an einen hellen Platz bei etwa 15–20 °C gestellt, vorsichtig bewässert und mit durchsichtiger Folie abgedeckt, um einen Treibhauseffekt zu erzielen. Die Folie wird zwischendurch immer wieder zum Lüften abgedeckt und nach der Keimung entfernt.
Wenn sich nach drei bis fünf Wochen die ersten Blätter zeigen, und die Pflanzen 4–5 cm hoch sind, werden sie in kleine Töpfe verpflanzt (pikiert), die robusten unter ihnen kann man auch schon direkt ins Beet setzen. Wenn es schneller gehen soll, kauft man vorgezogene Kräuter in Töpfchen.

Einfacher geht's nicht: Auf Saatscheiben und Saatbändern sind die Samen schon im richtigen Abstand in Vlies eingebettet, das spätere Vereinzeln (Pikieren) ist hier nicht nötig.

Weniger ist mehr

Ob Rosmarin, Salbei oder Thymian – die Sonnenkinder unter den Kräutern sind meist auch „Hungerkünstler“, das heißt, sie begnügen sich mit einem mageren, nährstoffarmen Boden. Dementsprechend sollten sie nur sparsam gedüngt werden, denn zu starkes Nährstoffangebot macht sie „mastig“: Sie bekommen weiche Stiele und Blätter, die Frosthärte wird geringer und das Aroma weniger stark ent-

wickelt. Eine einmalige Düngung im Frühjahr ist ausreichend, am besten dann, wenn die Kräuter „antreiben" und so richtig zu wachsen beginnen. Geeignet sind reifer Kompost und Hornspäne, aber auch biologischer Flüssigdünger, letzteren verwendet man nur in der Hälfte der angegebenen Dosierung.

Nährstoffbedürftigere Arten wie Basilikum, Liebstöckl, Schnittlauch, Petersilie und Rucola erhalten von Beginn an einen halb dosierten Langzeitdünger oder im Frühsommer eine zweite Düngergabe. Ab August wird generell nicht mehr gedüngt, damit die Pflanzen gut ausreifen und so ihre Winterhärte gefördert wird.

Staunässe ist für alle Kräuter fatal. Im Beet braucht man sie daher nur zu gießen, wenn die Erde sichtbar ausgetrocknet ist und es lange nicht geregnet hat, in Töpfen etwas öfter.

Kräuterdünger selbst gemacht: Wer Brennnesseln, Beinwell oder Löwenzahn im Garten hat, überbrüht ca. 100 g frische oder 20 g getrocknete Kräuter mit 1 l kochendem Wasser. Dieser Ansatz wird nach dem Erkalten abgeseiht und zu den Pflanzen gegossen – unverdünnt für die Hungrigen unter Ihnen, 1:1 mit Wasser vedünnt für die Genügsamen.

Ernten und Aufbewahren:

Damit die Freude lange währt

„Der Garten ist die Apotheke des armen Mannes."

(Sprichwort)

Auf den Zeitpunkt kommt es an!

Blätter oder Zweige werden am besten geerntet, bevor die Kräuter blühen und ihre Kraft in die Blüten schicken. Geht es um die Blüten, erntet man, wenn diese ganz geöffnet sind. Da die ätherischen Öle die Aufgabe haben, die Pflanze vor der Hitze zu schützen, werden sie vor allem bei hohen Temperaturen und Sonnenschein ausgebildet. Wer nach einigen Sonnentagen und am Vormittag bis zur Mittagszeit erntet, erhält das intensivste Aroma. Dann ist der Morgentau abgetrocknet und die Sonneneinstrahlung noch nicht so groß, dass die ätherischen Öle verdunsten. Die Kräuter sollten nur bei trockenem Wetter geerntet und danach nicht gewaschen werden. Insekten, Staub und Erdreste fallen beim Trocknen ohnehin ab.

So bleiben wertvolle Inhaltsstoffe erhalten

Um Aroma und Wirkstoffe der geernteten Kräuter möglichst zu bewahren, werden sie zu lockeren Büscheln zusammengebunden und verkehrt herum zum Trocknen aufgehängt. Einzelne Blätter, Blüten oder Fruchtstände mit Samen legt man auf Tücher auf. Der Ort dafür sollte trocken und luftig, aber schattig sein.

Wenn das Laub raschelt, die Blüten leicht zerbröseln oder die Samen herausfallen, ist der Trockenvorgang beendet. Die Kräuter werden möglichst unzerbröselt in undurchsichtige, verschließbare Gefäße gefüllt, denn das Zerbrechen führt zum Abbau der Inhaltsstoffe. Erst bei der Verwendung der Kräuter werden Sie zerrieben. Licht beschleunigt den Abbauprozess der wertvollen Inhaltsstoffe. Dic Gefäße werden dicht verschlossen, damit die Kräuter trocken bleiben und dunkel aufbewahrt.

Mediterrane Kräuter behalten ihr Aroma lange und eignen sich gut zum Trocknen. Bei Basilikum, Petersilie, Liebstöckel, Dill und Kerbel verflüchtigen sich die ätherischen Öle schnell. Sie werden besser zu Kräuteröl, -essig und -salz verarbeitet. Im Öl lösen sich die fettlöslichen ätherischen Öle und bleiben erhalten, Essig und Salz wirken konservierend und verzögern die Abbauprozesse der Aromastoffe.

Von manchen Kräutern, etwa Borretsch, Rosmarin, Schnittlauch und Thymian, kann man auch die Blüten verwenden – als essbare Dekoration für Aufstriche, Salate und warme Speisen.

Die beliebtesten Küchenkräuter im Kurzporträt

Anis

Pimpinella anisum

Familie: Doldenblütler (*Apiaceae*)

Wuchshöhe: 10–60 cm

Standort: voll sonnig

Boden/Topferde: durchlässig, sandig-lehmig, mäßig nährstoffreich

Kultur: einjährig · Aussaat ab Ende März ins Freiland (Dunkelkeimer)

Ernte: Juli–September

Sobald sich die ersten Dolden bräunlich färben, schneidet man die Pflanzen ab und hängt sie an einem trockenen Ort kopfüber auf, damit alle Samen nachreifen können.

Verwendung: typisches Gewürz der griechischen und römischen Küche · für Brot und Gebäck · regt die Verdauung an

Anis ist eine sehr alte Heil- und Gewürzpflanze, die ursprünglich aus Asien und den südöstlichen Mittelmeerländern stammt.

Basilikum

Ocimum basilicum

Familie: Lippenblütler (*Lamiaceae*)
Wuchshöhe: 20–60 cm
Standort: sonnig und windgeschützt, aber keine pralle Mittagssonne
Boden/Topferde: durchlässig-sandig, aber humusreich (Kompost dazumischen!)
Kultur: einjährig · Aussaat unter Glas ab März (Lichtkeimer), ab Mitte Mai ins Freiland · Schutz vor nächtlicher Kälte und Schnecken ratsam · wächst besser im Topf als im Beet · beim Gießen nicht die Blätter befeuchten
Ernte: April–Oktober
Die Triebspitzen vor der Blüte ernten, die Pflanze wächst dadurch buschig weiter. Sobald Basilikum blüht, wird der Geschmack herber.
Verwendung: Blätter und Triebspitzen als Klassiker für die mediterrane Küche · möglichst nicht oder nur kurz mitkochen · auch für Desserts geeignet

Zitronenbasilikum, Thaibasilkum, rotlaubige Sorten – kaum ein Kraut präsentiert sich so vielfältig wie das Basilikum, das auch Basilienkraut oder Königskraut genannt wird.

Bohnenkraut (Winter-Bohnenkraut)

Satureja montana

Familie: Lippenblütler (*Lamiaceae*)

Wuchshöhe: 10–40 cm

Standort: voll sonnig und warm

Boden/Topferde: durchlässig

Kultur: mehrjährig · winterhart · gut für die Auspflanzung im Steingarten oder die Kultur in Töpfen geeignet · Aussaat mit Vorkultur am Fensterbrett ab Anfang April, Direktsaat ab Mitte Mai (Lichtkeimer) · verholzte Pflanzen nach der Blüte stark zurückschneiden

Ernte: Juni–September

Ganze Triebe kurz vor und während der Blüte ernten, dann haben sie die beste Würzkraft.

Verwendung: pfeffrige Würze für Fleischgerichte, Aufläufe und Eintöpfe · zum Aromatisieren von Essig und Öl · fördert die Verdauung

Schon im 9. Jahrhundert wurde vor allem das Sommer-Bohnenkraut in Klöstergärten angebaut. Das einjährige Sommer-Bohnenkraut (S. hortensis) *schmeckt milder, das beste Aroma hat das Zitronen-Bergbohnenkraut* (S. montana var. citriodora).

Borretsch

Borago officinalis

Familie: Raublattgewächse (*Boraginaceae*)
Wuchshöhe: 40–80 cm
Standort: sonnig und windgeschützt
Boden/Topferde: locker-humos, kalkhaltig und feucht
Kultur: einjährig · von April bis Juni direkt ins Freiland säen (Dunkelkeimer), Abstand von 50 cm einhalten und am besten an den Rand des Beetes setzen, damit andere Pflanzen nicht überwuchert werden · Topfkultur wegen der langen Pfahlwurzel nur in tiefen Töpfen möglich
Ernte: ab Juni
Die jungen, zarten Blätter erst kurz vor der Verwendung ernten, da sie schnell welken. Zum Trocknen ungeeignet, weil die Inhaltsstoffe verloren gehen, besser in Essig und Öl konservieren.
Verwendung: frische junge Blätter feingehackt auf Butter- und Aufstrichbrote, für Salate und Desserts · Blüten als essbare Dekoration, zum Beispiel zum Einfrieren in Eiswürfel

Schon den alten Römern und Griechen bekannt, wurde der Borretsch im späten Mittelalter in vielen Bauern- und Klostergärten kultiviert.

Currykraut

Helichrysum italicum

Familie: Korbblütler (*Asteraceae*)

Wuchshöhe: 70–100 cm

Standort: vollsonnig und trocken

Boden/Topferde: durchlässig, sandig, wenig humos, keine Staunässe

Kultur: mehrjähriger Halbstrauch · Aussaat im Februar unter Glas (Lichtkeimer), ab Mitte Mai ins Freiland setzen, Abstände zwischen den Pflanzen ca. 30 cm · Rückschnitt im Frühling · in rauen Lagen Winterschutz nötig, oder im Topf kultivieren

Ernte: ganzjährig

Die zarten, jungen Blätter und Triebspitzen sowie Blüten nach Bedarf ernten.

Verwendung: frisch oder getrocknet für Reis- und Fleischgerichte · Blütendolden getrocknet für floristische Verwendung

Obwohl das Currykraut mit der Gewürzmischung Currypulver nichts zu tun hat, sind Duft und Geschmack ähnlich – mit einem Hauch von Salbei.

Dill

Anethum graveolens

Familie: Doldenblütler (*Apiaceae*)

Wuchshöhe: 50–75, manchmal bis 120 cm

Standort: sonnig und windgeschützt

Boden/Topferde: locker und humos, mäßig nährstoffreich, feucht halten, keine Staunässe

Kultur: einjährig · Direktaussaat ab April, Folgesaaten bis August · Ob Dill zu den Licht- oder Dunkelkeimern gehört, darüber scheiden sich die Geister. Da die Samen sehr klein sind, harkt man sie am besten leicht unter, sonst werden sie rasch vom Wind verblasen. Wenn Dill am gewünschten Standort nicht keimt, streut man eine Handvoll frischer Samen quer über die Beete, der Dill wächst dann dort, wo der Standort passt („Dill wächst, wo er will!").

Ernte: Mai–November · Sobald sich die ersten Dolden bräunlich färben, die ganzen Pflanzen abschneiden und kopfüber aufhängen, darunter ein Tuch aufbreiten.

Verwendung: Blätter und Blüten für Salate, Fisch und Saucen · zum Einlegen von Gurken · für Kräuteressig

Der Dill ist eine uralte Heil- und Küchenpflanze, die ursprünglich aus dem vorderen Orient stammt. Im Aberglauben sah man ihn als Mittel zum Schutz vor dem Bösen, bei Hochzeiten sollte er Glück bringen.

Eberraute

Artemisia abrotanum

Familie: Korbblütler (*Asteraceae*)

Wuchshöhe: 60–100 cm

Standort: voll sonnig, geschützt

Boden/Topferde: trocken, keine Staunässe, durchlässig und mager, eher kalkhaltig

Kultur: mehrjähriger Halbstrauch · winterhart, aber in kalten Lagen ist Winterschutz ratsam · braucht viel Platz, verträgt aber Formschnitt gut · auch für Beeteinfassungen geeignet · Aussaat ab Mai direkt ins Beet (Lichtkeimer)

Ernte: Juni–September

Es können laufend frische Blätter oder Triebspitzen geerntet werden.

Verwendung: zu fettem Fleisch und für Eintöpfe · wegen des bitteren Beigeschmacks (Verwandtschaft mit Wermut) eher sparsam verwenden · beugt Verdauungsbeschwerden vor · im Kleiderschrank auch gegen Motten wirksam

Ihr namensgebender Duft macht die Cola-Pflanze (Artemisia abrotanum var. Camphorata)*, eine Eberrautenart, für Haus-und Kräutergärten interessant.*

Estragon

Artemisia dracunculus

Familie: Korbblütler (*Asteraceae*)

Wuchshöhe: 60–150 cm

Standort: sonnig bis halbschattig, warm und geschützt

Boden/Topferde: humusreich, durchlässig, eher feucht

Kultur: mehrjährig · winterhart · Aussaat oder Auspflanzung ab April direkt ins Beet · Französischer Estragon (*var. sativa*) wird durch Stecklinge vermehrt und schmeckt viel aromatischer als Russischer Estragon (*var. inodora*), der aus Samen gezogen wird, er ist jedoch weniger winterhart (Winterschutz erforderlich).

Ernte: April–Oktober

Es können laufend frische Blätter oder Triebspitzen geerntet werden.

Verwendung: für Salate, Suppen und Saucen · zum Einlegen von Gurken · für Essig und Öl

Im alten Ägypten wurde die Götterstatue Isis mit dem Parfumöl der Estragonpflanze bedeckt. Die antiken Griechen kannten Estragon als drakos *(Schlange, Drache) und nutzten das Kraut für Zaubereien.*

Fenchel

Foeniculum vulgare

Familie: Doldenblütler (*Apiaceae*)

Wuchshöhe: 40–200 cm

Standort: sonnig und warm

Boden/Topferde: nährstoffreich und kalkhaltig, eher feucht

Kultur: mehrjährig · blüht ab dem zweiten Jahr · Vorkultur ab März/April am Fensterbrett, Direktsaat ab Mai · bei einer Größe von ca. 10 cm eventuell versetzen oder vereinzeln · in rauen Gegenden Winterschutz erforderlich · Der Bronzefenchel (*Foeniculum vulgare „Purpureum"*) mit rotem Laub ist der attraktive kleine Bruder des Gewürzfenchels und macht auch im Blumenbeet eine gute Figur.

Ernte: Juli–August

Im Sommer frische Blätter ernten, Dolden mit reifen Samen im Herbst schneiden und zum Trocknen aufhängen.

Verwendung: Blätter für Fischgerichte, Salate und Saucen · Samen als Brotgewürz

„Wenn man ihn roh isst, schadet er nicht. Und wie immer er gegessen wird, macht er den Menschen fröhlich“, schrieb Hildegard von Bingen über den Fenchel.

Kerbel

Anthriscus cerefolium

Familie: Doldenblütler (*Apiaceae*)

Wuchshöhe: 30–60 cm

Standort: halbschattig

Boden/Topferde: humusreich, locker, mäßig feucht

Kultur: einjährig · Aussaat ab Ende März direkt ins Freie, Folgesaaten bis August · wie bei Petersilie glattblättrige und krause Formen

Ernte: April–Oktober

Schon früh können Blätter geerntet werden, da Kerbel robust und kälteunempfindlich ist. Bis zur Blüte Mitte Mai ernten, dann erst wieder nach der Blüte von August bis Oktober.

Verwendung: Blätter frisch für Salate, Suppen und Saucen (duften leicht nach Anis) · nicht mitkochen, sondern erst zum Schluss in die Speisen geben

Kerbel gehört zu den ersten Pflanzen, die im Frühling geerntet werden und ist traditioneller Bestandteil von Gründonnerstags- und Osterspeisen.

Koriander

Coriandrum sativum

Familie: Doldenblütler (*Apiaceae*)

Wuchshöhe: 30–60 cm

Standort: sonnig und warm

Boden/Topferde: humus- und nährstoffreich, durchlässig, verträgt auch Trockenheit

Kultur: einjährig · Topfkultur ab April, Direktaussaat ins Freiland ab Mitte Mai · nach der Blüte liefert die Pflanze keine frischen Blätter mehr · für eine Herbsternte kann man im August nochmals frisch aussäen

Ernte: Mai–Oktober

Frische Blätter und Blüten ab Mai ernten, sobald die ersten Dolden braun sind, kopfüber zum Trocknen aufhängen und ein Tuch unterbreiten.

Verwendung: Blätter für Suppen und Fleischgerichte · Samen gemahlen für Lebkuchen und Brot

Die einen lieben ihn, die andern finden „keine Wanze kann so übel stinken wie der grüne Koriander“.
(Leonhard Fuchs, Kräuterbuch, 1543*)*

Kümmel

Carum carvi

Familie: Doldenblütler (*Apiaceae*)

Wuchshöhe: 30–120 cm

Standort: sonnig bis halbschattig

Boden/Topferde: tiefgründig, feucht und lehmig-kalkhaltig

Kultur: zweijährig · im ersten Jahr bildet sich nur eine Blattrosette · Direktsaat ins Freie ab April oder im Spätsommer (Lichtkeimer)

Ernte: Juni–Oktober

Im ersten Jahr junge Blätter und Triebspitzen ernten, im zweiten Jahr die Samen. Sobald etwa 80 % der Dolden reif sind, diese mit Stängel abschneiden und kopfüber aufhängen, trockene Samen ausklopfen.

Verwendung: Blätter und Blüten frisch zu Suppen, Salaten, Gemüse · getrocknete Samen für Fleischgerichte, als Brotgewürz und für Tee (gut für Magen und Darm)

Kümmel wurde oft verwechselt, denn das deutsche Wort „Kümmel“ leitet sich von Cuminum *ab, dem lateinischen Namen für Kreuzkümmel.*

Liebstöckel, Maggikraut

Levisticum officinale

Familie: Doldenblütler (*Apiaceae*)

Wuchshöhe: 100–200 cm

Standort: sonnig bis halbschattig

Boden/Topferde: tiefgründig, nährstoffreich, feucht

Kultur: mehrjährig · winterhart · Aussaat ab Ende März direkt ins Freiland · bei Bedarf mit Kompost und Brennnesseltee düngen · um das Laub zu fördern, können die Blüten entfernt werden · Vermehrung durch Wurzelteilung, ältere Stöcke zur Verjüngung teilen

Ernte: März–Mai und September

Frische junge Blätter vor der Blüte ernten, die Samen, wenn sie braun werden.

Verwendung: für Suppen und Eintöpfe · zerdrückte Samen als Brotgewürz · Tee wirkt verdauungsfördernd und harntreibend

Liebstöckel wird seit dem frühen Mittelalter verwendet und soll Zauberkräfte besitzen, die böse Geister vertreiben oder Liebesglück bringen.

Majoran

Origanum majorana

Familie: Lippenblütler (*Lamiaceae*)

Wuchshöhe: 30–50 cm

Standort: voll sonnig, warm

Boden/Topferde: leicht, durchlässig, nährstoffreich, keine Staunässe

Kultur: einjährig · Aussaat unter Glas ab März, Direktsaat ins Freie ab Mai · jährlich den Standort wechseln · nicht winterhart, Überwinterung im Topf im Haus möglich

Ernte: Mai–September

Blätter und Triebspitzen zum Frischgebrauch und Trocknen kurz vor der Blüte pflücken, dann sind die ätherischen Öle am stärksten.

Verwendung: für Fleischgerichte, Eintöpfe und Aufläufe · als Tee bei Magen- und Darmbeschwerden · In Kräuterkissen fördert Majoran den Schlaf.

Aphrodite, die Göttin der Liebe, bezeichnete Majoran als ein Symbol der Glückseligkeit. In Griechenland schmückte man daher einst frisch verheiratete Paare mit Girlanden aus Majoran.

Minzen

Mentha sp.

Familie: Lippenblütler (*Lamiaceae*)
Wuchshöhe: 20–100 cm (je nach Art und Sorte)
Standort: sonnig bis halbschattig
Boden/Topferde: humos, nährstoffreich, sandig bis lehmig und leicht feucht
Kultur: mehrjährig · neigt zum Wuchern, daher in abgegrenzte Beete oder Töpfe pflanzen · Vermehrung durch Teilung oder Stecklinge · bei Rostbefall und zur Verjüngung Rückschnitt bis knapp über dem Boden
Ernte: April–Oktober
Die jungen Blätter und Triebspitzen frisch ernten, zum Trocknen vor der Blüte schneiden.
Verwendung: vielfältig und individuell je nach Duft für Fleisch- und Gemüsegerichte, für Süßspeisen und Obstsalate · zum Verfeinern von Marmeladen · für Potpourris, Duftkissen und als Badezusatz

Orangenminze, Schokolademinze, Marokkanische Minze, Ananasminze und viele mehr – ein eigener Minzengarten wäre dank dieser Vielfalt kein Problem.

Oregano

Origanum heracleoticum oder O. vulgare

Familie: Lippenblütler (*Lamiaceae*)
Wuchshöhe: 20–50 cm
Standort: voll sonnig, warm
Boden/Topferde: durchlässig, mager, trocken
Kultur: mehrjährig · winterhart · Aussaat ab April · in rauen Lagen Winterschutz nötig · im Frühling kräftig zurückschneiden · Die Blüten des Oregano sind eine sehr gute Bienenweide!
Ernte: Mai–Oktober
Die Blätter können laufend geerntet werden, aber kurz vor der Blüte sind die ätherischen Öle am stärksten. Das getrocknete Kraut ist oft aromatischer als frisches.
Verwendung: typisches Gewürz der italienischen Küche · Tee bei Magen-Darm-Beschwerden

Oregano wird auch als „wilder Majoran" bezeichnet, weil das Kraut in Südeuropa wild wächst. Der heimische Wilde Oregano (O. vulgare) *ist nicht so aromatisch wie die griechische Art* (O. heracleoticum).

Petersilie

Petroselinum crispum

Familie: Doldenblütler (*Apiaceae*)
Wuchshöhe: 20–50 cm
Standort: sonnig bis halbschattig
Boden/Topferde: humusreich, feucht, aber durchlässig
Kultur: zweijährig · Aussaat ab März · geichmäßig feucht halten · Standort jährlich wechseln (mit sich selbst unverträglich, erst nach frühestens 4 Jahren wieder auf denselben Platz setzen) oder im Topf kultivieren
Ernte: April–Oktober
Die Blätter können durchgehend geerntet werden, sobald die Pflanze aber blüht (im zweiten Jahr), verlieren die Blätter den Geschmack.
Verwendung: vielseitig in der Küche · nicht erhitzen und erst zum Schluss über die Gerichte geben · beim Trocken geht Geschmack verloren

„Petersil und Suppenkraut wächst in unserem Garten", heißt es in einem Kinderlied. Mit dem Suppenkraut ist dabei Liebstöckel gemeint.

Rosmarin

Rosmarinus officinalis

Familie: Lippenblütler (*Lamiaceae*)

Wuchshöhe: 50–150 cm

Standort: voll sonnig, warm

Boden/Topferde: durchlässig, mager, Erde-Sand-Gemisch

Kultur: mehrjährig, aber meist nicht winterhart · Kultur im Topf empfehlenswert · im Frühjahr eine Gabe Kompost · nur wenig gießen und erst, wenn oberste Erdschicht abgetrocknet ist · regelmäßiger Rückschnitt für kompakten Wuchs · im Haus hell und kühl überwintern

Ernte: ganzjährig

Getrockneter Rosamarin hat ein intensiveres Aroma als frischer.

Verwendung: für Fleisch- und Gemüsegerichte · für Essig und Öl · Zum Würzen verwendet man entweder die ganzen Zweige, die man mitschmoren lässt, oder die feinen Blättchen.

Noch heute gibt es den Brauch, dem Bräutigam bei der Hochzeit einen Rosmarinzweig anzustecken, damit er treu bleibe.

Schnittlauch

Allium schoenoprasum

Familie: Zwiebelgewächse (*Alliaceae*)

Wuchshöhe: 20–30 cm

Standort: sonnig bis halbschattig

Boden/Topferde: feucht, nährstoffreich und kalkhaltig

Kultur: mehrjährig · die Blätter ziehen im Herbst ein · Stöcke alle 2–3 Jahre durch Teilung verjüngen · Kompost- und Düngegaben halten die Pflanze vital · Zu Winterbeginn ausgraben, am Beet liegend durchfrieren lassen und im Topf auf dem Fensterbrett weiterziehen.

Ernte: Frische Schnittlauchröhren haben im Frühjahr das beste Aroma, bis zum Herbst kann geernet werden. Niemals alle Halme auf einmal abschneiden, und nie mehr als zwei Drittel, dann bleibt der Stock kräftig.

Verwendung: frisch oder tiefgekühlt, trocknen nicht möglich · Schnittlauch verträgt langes Kochen nicht und kommt erst im letzten Moment in die Speisen.

Das enthaltene Vitamin C in Kombination mit Eisen macht Schnittlauch zum Geheimtipp gegen die Frühjahrsmüdigkeit.

Thymian

Thymus vulgaris

Familie: Lippenblütler (*Lamiaceae*)

Wuchshöhe: 10–30 cm, polsterförmig

Standort: vollsonnig und heiß

Boden/Topferde: sandig-durchlässig, trocken, karg, keine Staunässe

Kultur: mehrjähriger Halbstrauch · Aussaat im Frühling, ab Ende April, bzw. in kalten Gegenden ab Mitte Mai ins Freiland · Stecklingsvermehrung im Frühsommer · viele spezielle Arten erhältlich, z.B. Lavendel-, Zitronen-, Kümmel- oder Balsamthymian, der heimische Thymian (Quendel) ist weniger aromatisch.

Ernte: Blätter und Triebspitzen nach Bedarf ernten, kurz vor der Blüte ist der Gehalt an ätherischen Öle am stärksten.

Verwendung: für Fleisch- und Gemüsegerichte (bei Coq au vin oder Gyros ist Thymian das bestimmende Gewürz), Salate und Süßspeisen · Blüten als essbare Dekoration · Tee bei Husten und Verdauungsbeschwerden (antiseptische Wirkung)

Das hocharomatische Kraut zählt zu den typischen „Kräutern der Provence“ und ist ein wichtige Bienenweide.

Zitronenmelisse

Melissa officinalis

Familie: Lippenblütler (*Lamiaceae*)

Wuchshöhe: 50–100 cm

Standort: sonnig

Boden/Topferde: humusreich, leicht feucht

Kultur: mehrjährig · Aussaat im Haus ab Februar, Direktsaat ins Freie ab Mitte Mai (Lichtkeimer) · neigt zum Wuchern, daher am besten nur am Beetrand oder in Töpfe pflanzen · wertvolle Bienenweide

Ernte: April–Oktober

Die jungen Blätter und Triebspitzen am besten vor der Blüte ernten.

Verwendung: für Gemüse- und Obstsalate, Fischgerichte, zum Verfeinern von Süßspeisen, Eis und Marmeladen · nicht lange mitkochen, sondern erst vor dem Servieren dazu geben · als Tee oder Badezusatz für entspannende Wirkung

Altbekanntes, zart nach Zitronen duftendes Gewürz- und Heilkraut. Bereits Ärzte der Antike wussten um seine beruhigende, stimmungsaufhellende Wirkung.

Über die Autorin

Elke Papouschek hat das Gärtnern an der HBLFA für Gartenbau in Wien-Schönbrunn gelernt und blieb dem Thema ein Leben lang treu. Sie war für Zeitschriften- und Buchproduktionen rund um den Garten verantwortlich und führt heute als selbstständige Gartenjournalistin ein Redaktionsbüro für Publikationen zum schönsten Hobby der Welt.

FSC www.fsc.org MIX Papier aus verantwortungsvollen Quellen FSC® C012536

PRINTED IN AUSTRIA

Sämtliche Angaben in diesem Werk erfolgen trotz sorgfältiger Bearbeitung ohne Gewähr. Eine Haftung der Autoren bzw. Herausgeber und des Verlages ist ausgeschlossen.

 · Gesetzt aus der Hoefler Text und The Sans · Medieninhaber, Verleger und Herausgeber: Red Bull Media House GmbH, Oberst-Lepperdinger-Straße 11–15, 5071 Wals bei Salzburg, Österreich · Gestaltung und Satz: wir sind artisten · Fotos: Getty Images/Thinkstock; außer S. 23, 27, 29 und 35: Steffen Hauser/botanikfoto

Printed in Austria
ISBN 978-3-7104-0155-8